REISE TAGEBUCH

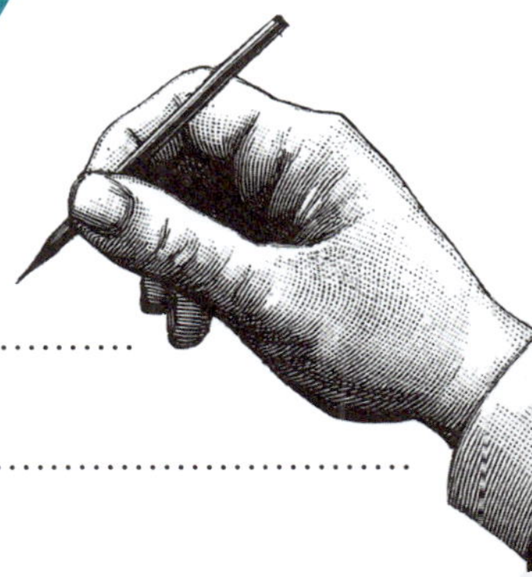

Dieses Tagebuch gehört

Website Weitere Informationen, Inspirationen zur Verwendung des Reisetagebuchs und nützliche Links findet ihr unter: www.notizenvonunterwegs.de
Bilder Wir freuen uns über Fotos von eurem Reisetagebuch. Wenn ihr Lust habt, ladet eure Ideen mit dem Hashtag #notizenvonunterwegs hoch.

#notizenvonunterwegs

Impressum

Franziska Feldmann, Gunda Urban-Rump
Reise Know-How Reisetagebuch – Notizen von unterwegs

erschienen im
Reise Know-How Verlag Peter Rump GmbH
Osnabrücker Straße 79, 33649 Bielefeld

1. Auflage 2017

Konzeption, Layout und Satz
Franziska Feldmann
Gunda Urban-Rump

Illustrationen
Arthur Peters (Seite 30, 65, 44)
Peter Rump (Seite 74, 126)

Printed in Germany by Grafisches Centrum Cuno

ISBN 978-3-8317-3020-9

Alles beginnt
mit dem
Fernweh

I haven't been everywhere, but it's on my list. Susan Sontag

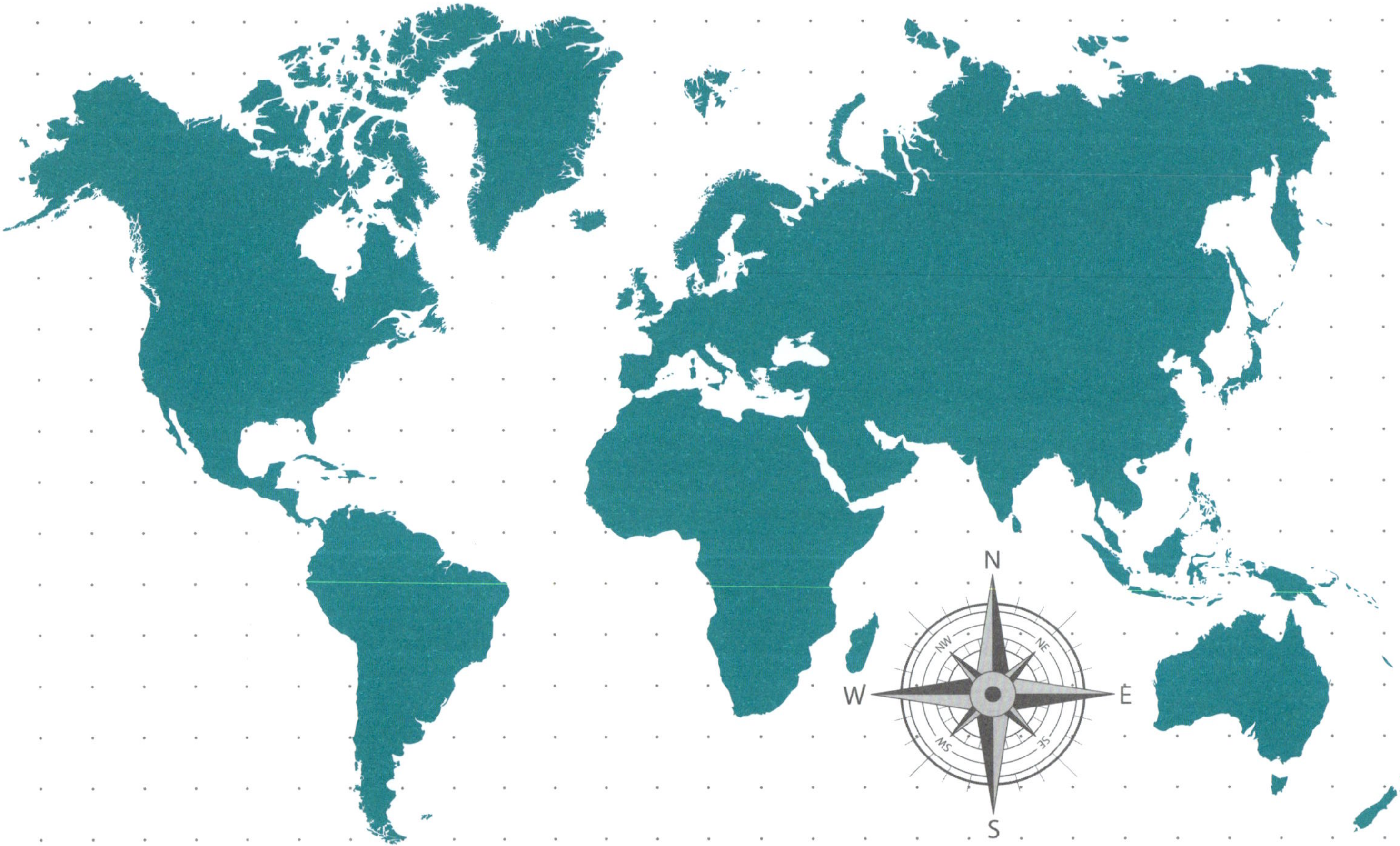

JANUAR

1	2	3	4	5	6	7
8	9	10	11	12	13	14
15	16	17	18	19	20	21
22	23	24	25	26	27	28
29	30	31				

FEBRUAR

1	2	3	4	5	6	7
8	9	10	11	12	13	14
15	16	17	18	19	20	21
22	23	24	25	26	27	28
29						

MÄRZ

1	2	3	4	5	6	7
8	9	10	11	12	13	14
15	16	17	18	19	20	21
22	23	24	25	26	27	28
29	30	31				

APRIL

1	2	3	4	5	6	7
8	9	10	11	12	13	14
15	16	17	18	19	20	21
22	23	24	25	26	27	28
29	30					

MAI

1	2	3	4	5	6	7
8	9	10	11	12	13	14
15	16	17	18	19	20	21
22	23	24	25	26	27	28
29	30	31				

JUNI

1	2	3	4	5	6	7
8	9	10	11	12	13	14
15	16	17	18	19	20	21
22	23	24	25	26	27	28
29	30					

JULI

1	2	3	4	5	6	7
8	9	10	11	12	13	14
15	16	17	18	19	20	21
22	23	24	25	26	27	28
29	30	31				

AUGUST

1	2	3	4	5	6	7
8	9	10	11	12	13	14
15	16	17	18	19	20	21
22	23	24	25	26	27	28
29	30	31				

SEPTEMBER

1	2	3	4	5	6	7
8	9	10	11	12	13	14
15	16	17	18	19	20	21
22	23	24	25	26	27	28
29	30					

OKTOBER

1	2	3	4	5	6	7
8	9	10	11	12	13	14
15	16	17	18	19	20	21
22	23	24	25	26	27	28
29	30	31				

NOVEMBER

1	2	3	4	5	6	7
8	9	10	11	12	13	14
15	16	17	18	19	20	21
22	23	24	25	26	27	28
29	30					

DEZEMBER

1	2	3	4	5	6	7
8	9	10	11	12	13	14
15	16	17	18	19	20	21
22	23	24	25	26	27	28
29	30	31				

Wann?	Was?	Wo?

Ich glaube, der glücklichste Moment im Leben eines Menschen

Wann?	Was?	Wo?

ist eine Abreise in unbekannte Länder. Sir Richard Francis Burton

1 2 3 4 5 6 7 8 9 10 11 12 13 14 15 16

Über einen bestimmten Punkt kommt man nur hinaus, wenn man weiß, wo man hin will.
Frank Goosen, Liegen lernen

17	18	19	20	21	22	23	24	25	26	27	28	29	30	31

1 2 3 4 5 6 7 8 9 10 11 12 13 14 15 16

Ich reise niemals ohne mein Tagebuch. Man sollte immer etwas Aufregendes zu lesen haben. Oscar Wilde

17 18 19 20 21 22 23 24 25 26 27 28 29 30 31

1 2 3 4 5 6 7 8 9 10 11 12 13 14 15 16

17 18 19 20 21 22 23 24 25 26 27 28 29 30 31

1 2 3 4 5 6 7 8 9 10 11 12 13 14 15 16

17 18 19 20 21 22 23 24 25 26 27 28 29 30 31

1 2 3 4 5 6 7 8 9 10 11 12 13 14 15 16

17 18 19 20 21 22 23 24 25 26 27 28 29 30 31

1 2 3 4 5 6 7 8 9 10 11 12 13 14 15 16

17 18 19 20 21 22 23 24 25 26 27 28 29 30 31

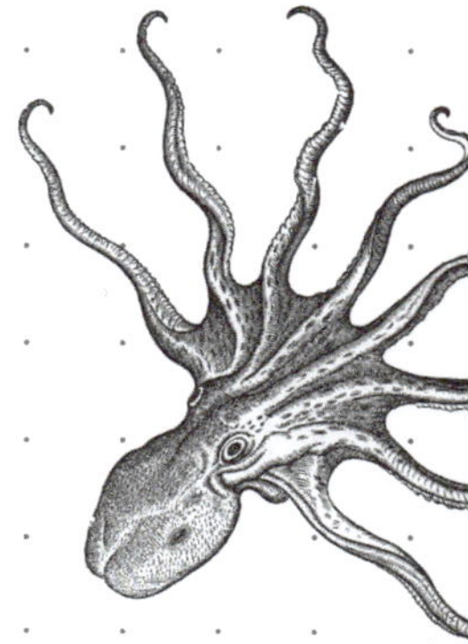

Manchmal muss man einfach weg. Egal wohin – Hauptsache ans Meer.

1 2 3 4 5 6 7 8 9 10 11 12 13 14 15 16

17 18 19 20 21 22 23 24 25 26 27 28 29 30 31

1 2 3 4 5 6 7 8 9 10 11 12 13 14 15 16

Auf Reisen gleichen wir einem Film, der belichtet wird. Entwickeln wird ihn die Erinnerung. Max Frisch

17	18	19	20	21	22	23	24	25	26	27	28	29	30	31

1 2 3 4 5 6 7 8 9 10 11 12 13 14 15 16

17 18 19 20 21 22 23 24 25 26 27 28 29 30 31

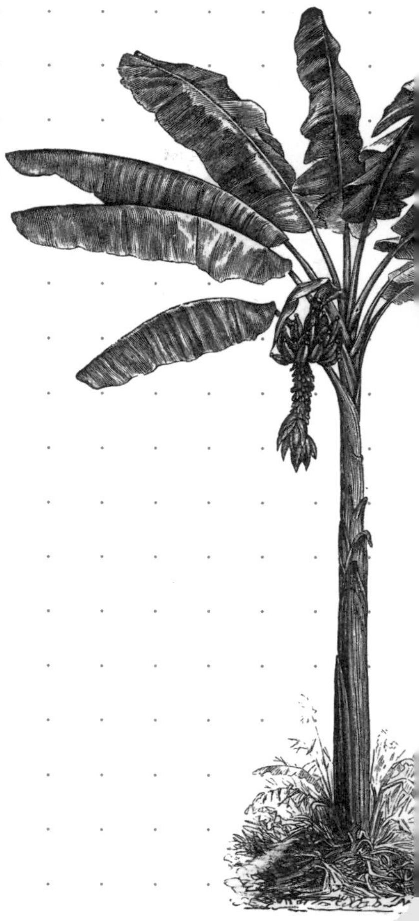

1 2 3 4 5 6 7 8 9 10 11 12 13 14 15 16

17 18 19 20 21 22 23 24 25 26 27 28 29 30 31

Besuche einmal im Jahr einen Ort, an dem du noch nie gewesen bist. Dalai Lama

1 2 3 4 5 6 7 8 9 10 11 12 13 14 15 16

17 18 19 20 21 22 23 24 25 26 27 28 29 30 31

1 2 3 4 5 6 7 8 9 10 11 12 13 14 15

17 18 19 20 21 22 23 24 25 26 27 28 29 30 31

1 2 3 4 5 6 7 8 9 10 11 12 13 14 15 16

1 2 3 4 5 6 7 8 9 10 11 12 13 14 15 16

17	18	19	20	21	22	23	24	25	26	27	28	29	30	31

1 2 3 4 5 6 7 8 9 10 11 12 13 14 15 16

17 18 19 20 21 22 23 24 25 26 27 28 29 30 31

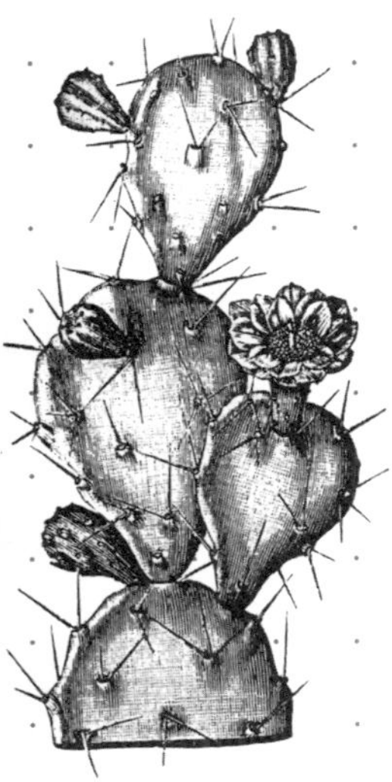

1 2 3 4 5 6 7 8 9 10 11 12 13 14 15 16

17	18	19	20	21	22	23	24	25	26	27	28	29	30	31

1 2 3 4 5 6 7 8 9 10 11 12 13 14 15 16

17 18 19 20 21 22 23 24 25 26 27 28 29 30 31

Fẹrn·weh
Die Sehnsucht nach fernen Ländern

1 2 3 4 5 6 7 8 9 10 11 12 13 14 15 16

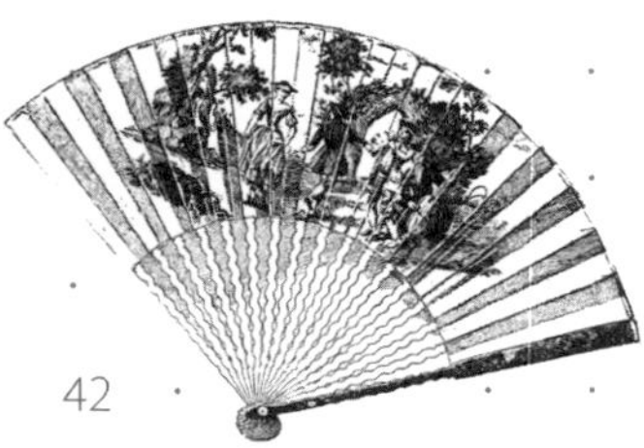

17	18	19	20	21	22	23	24	25	26	27	28	29	30	31

1 3 4 5 6 7 8 9 10 11 12 13 14 15 16

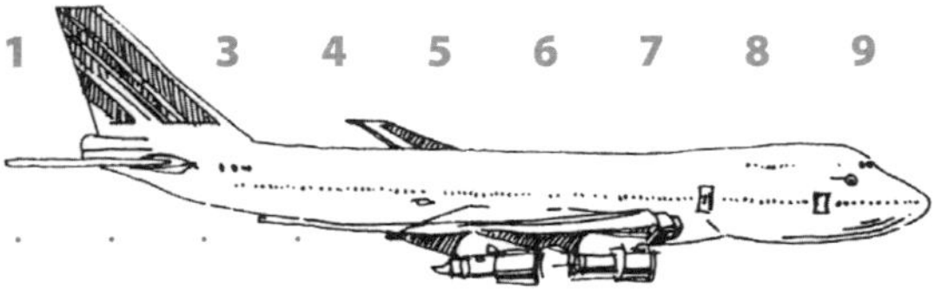

17	18	19	20	21	22	23	24	25	26	27	28	29	30	31

1 2 3 4 5 6 7 8 9 10 11 12 13 14 15 16

17 18 19 20 21 22 23 24 25 26 27 28 29 30 31

1 2 3 4 5 6 7 8 9 10 11 12 13 14 15 16

17 18 19 20 21 22 23 24 25 26 27 28 29 30 31

Ein Reisender ohne Beobachtungsgabe ist wie ein Vogel ohne Flügel.
Moslih Eddin Saadi

1 2 3 4 5 6 7 8 9 10 11 12 13 14 15 16

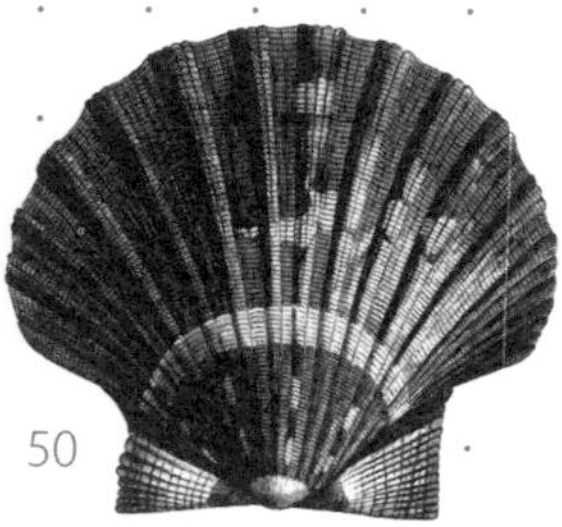

17 18 19 20 21 22 23 24 25 26 27 28 29 30 31

1 2 3 4 5 6 7 8 9 10 11 12 13 14 15 16

Reisen sollte nur ein Mensch, der sich

17 18 19 20 21 22 23 24 25 26 27 28 29 30 31

ständig überraschen lassen will. Oskar Maria Graf

1 2 3 4 5 6 7 8 9 10 11 12 13 14 15 16

17 18 19 20 21 22 23 24 25 26 27 28 29 30 31

1 2 3 4 5 6 7 8 9 10 11 12 13 14 15 16

Seien wir ehrlich:

17 18 19 20 21 22 23 24 25 26 27 28 29 30 31

Leben ist immer lebensgefährlich. Erich Kästner

1	2	3	4	5	6	7	8	9	10	11	12	13	14	15	16

17 18 19 20 21 22 23 24 25 26 27 28 29 30 31

1 2 3 4 5 6 7 8 9 10 11 12 13 14 15 16

17 18 19 20 21 22 23 24 25 26 27 28 29 30 31

1 2 3 4 5 6 7 8 9 10 11 12 13 14 15 1

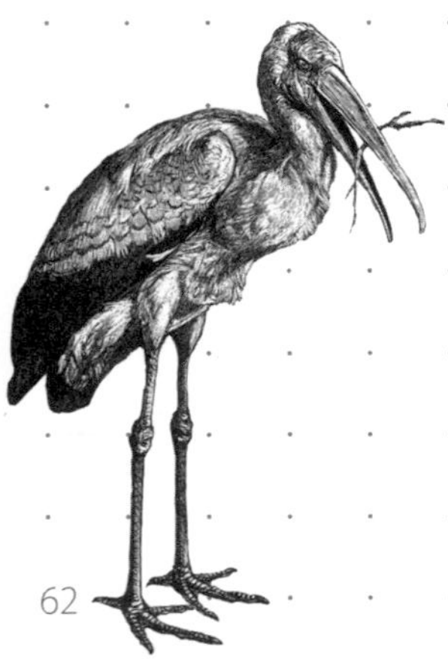

Reisen ist nichts, worin man gut ist.

17	18	19	20	21	22	23	24	25	26	27	28	29	30	31

Es ist etwas, dass man macht. Gayle Forman

1 2 3 4 5 6 7 8 9 10 11 12 13 14 15 16

7 18 19 20 21 22 23 24 25 26 27 28 29 30 31

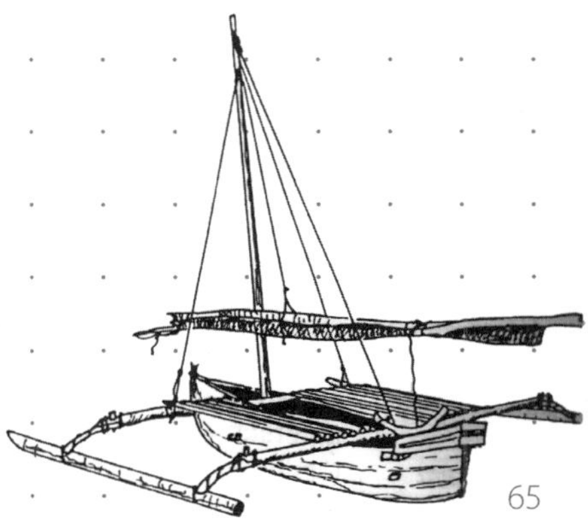

1 2 3 4 5 6 7 8 9 10 11 12 13 14 15 1

17 18 19 20 21 22 23 24 25 26 27 28 29 30 31

1 2 3 4 5 6 7 8 9 10 11 12 13 14 15 16

17	18	19	20	21	22	23	24	25	26	27	28	29	30	31

1	2	3	4	5	6	7	8	9	10	11	12	13	14	15	16

17 18 19 20 21 22 23 24 25 26 27 28 29 30 31

1 2 3 4 5 6 7 8 9 10 11 12 13 14 15 16

Die eigentlichen Entdeckungsreisen bestehen nicht im Kennenlernen neuer Landstriche, sondern darin, etwas mit anderen Augen zu sehen. Marcel Proust

17 18 19 20 21 22 23 24 25 26 27 28 29 30 31

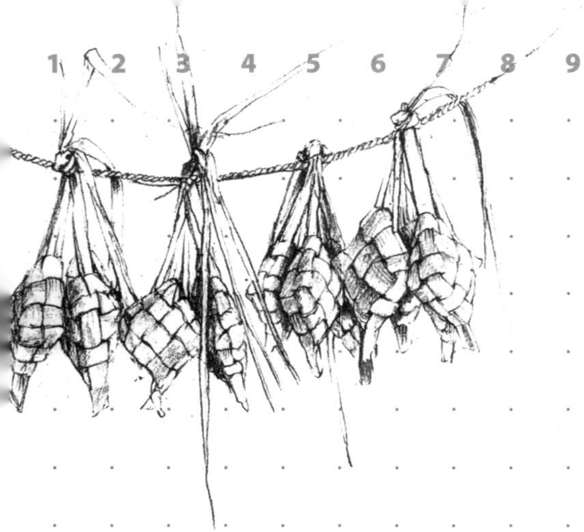

1 2 3 4 5 6 7 8 9 10 11 12 13 14 15 16

17	18	19	20	21	22	23	24	25	26	27	28	29	30	31

1 2 3 4 5 6 7 8 9 10 11 12 13 14 15 16

17 18 19 20 21 22 23 24 25 26 27 28 29 30 31

Wir lernen die Menschen nicht kennen, wenn sie zu uns kommen.
Wir müssen zu ihnen gehen, um zu erfahren, wie es mit ihnen steht.
Johann Wolfgang von Goethe

1 2 3 4 5 6 7 8 9 10 11 12 13 14 15 1

17 18 19 20 21 22 23 24 25 26 27 28 29 30 31

1 2 3 4 5 6 7 8 9 10 11 12 13 14 15 16

Der Glaube und Kartografen können Berge versetzen!

1 2 3 4 5 6 7 8 9 10 11 12 13 14 15 16

17 18 19 20 21 22 23 24 25 26 27 28 29 30 31

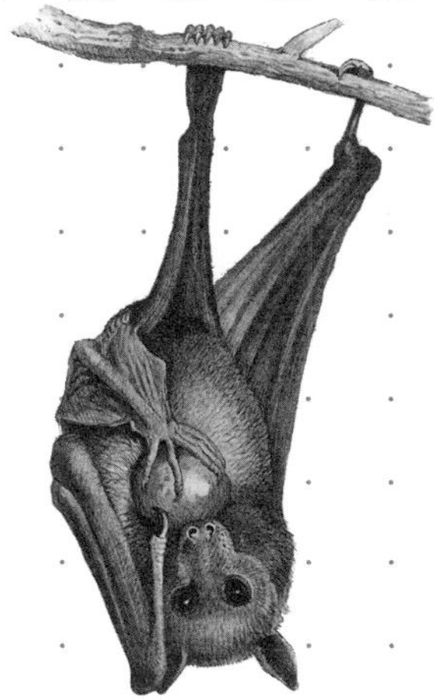

1 2 3 4 5 6 7 8 9 10 11 12 13 14 15 16

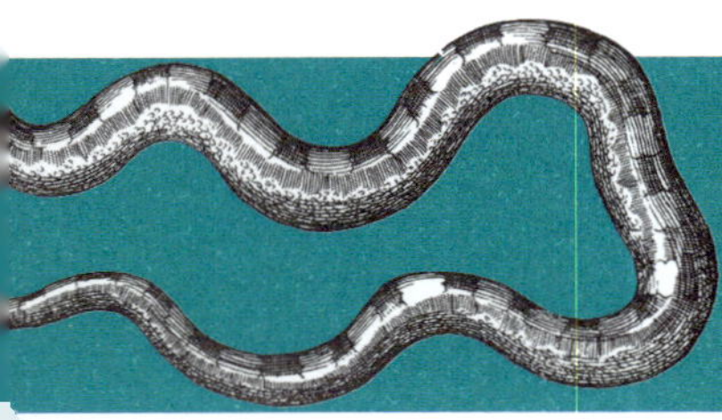

Zum rechten Sinn einer Reise gehört, dass sie etwas Mühe erfordert. Wirklich köstlich wird sie erst, wenn sie den Reiz des Abenteuerlichen hat.

Otto Julius Bierbaum

17	18	19	20	21	22	23	24	25	26	27	28	29	30	31

1 2 3 4 5 6 7 8 9 10 11 12 13 14 15 16

17 18 19 20 21 22 23 24 25 26 27 28 29 30 31

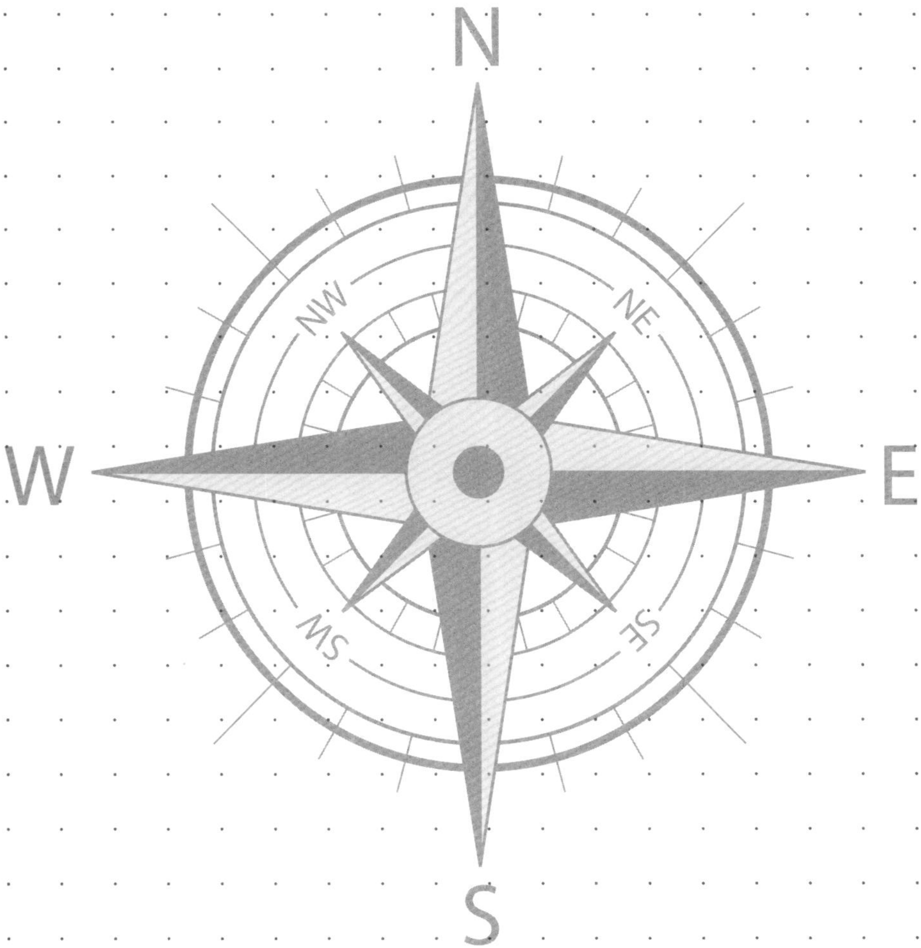

1	2	3	4	5	6	7	8	9	10	11	12	13	14	15	16

17 18 19 20 21 22 23 24 25 26 27 28 29 30 31

1 2 3 4 5 6 7 8 9 10 11 12 13 14 15 16

Ich geh' im Urwald für mich hin …
Wie schön, dass ich im Urwald bin:
man kann hier noch so lange wandern,
ein Urbaum steht neben dem andern.
Und an den Bäumen, Blatt für Blatt,
hängt Urlaub. Schön, dass man ihn hat!
Heinz Erhardt

17 18 19 20 21 22 23 24 25 26 27 28 29 30 31

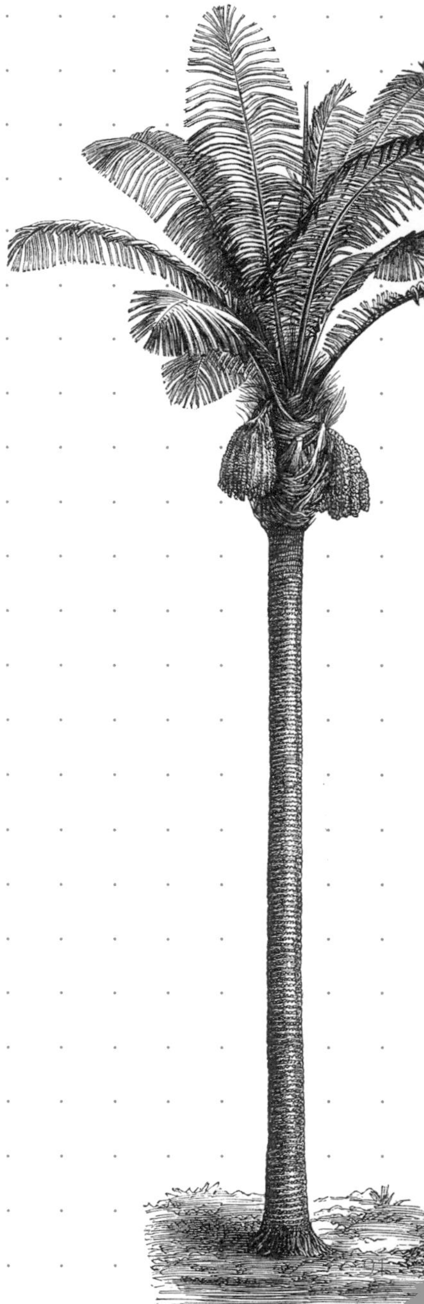

1	2	3	4	5	6	7	8	9	10	11	12	13	14	15	16

17 18 19 20 21 22 23 24 25 26 27 28 29 30 31

1 2 3 4 5 6 7 8 9 10 11 12 13 14 15 16

17 18 19 20 21 22 23 24 25 26 27 28 29 30 31

1 2 3 4 5 6 7 8 9 10 11 12 13 14 15 16

Eine der größten Herausforderungen des Reisens ist es, wie man eine Erfahrung dauerhaft erhält. Manchmal erleben wir woanders etwas, das uns wichtig und wertvoll erscheint, und wir möchten das gerne festhalten. Wir machen viele Fotos, kaufen ein Souvenir.

17 18 19 20 21 22 23 24 25 26 27 28 29 30 31

Wir wollen, dass etwas bleibt nach unserer Heimkehr, und das ist oft sehr schwierig. Die für mich beste Art eine Erinnerung zu bewahren ist die, sie vernünftig zu verdauen. Also richtig hinzuschauen, genauer, als vielleicht nur ein Foto zu machen. Alain de Botton

1 2 3 4 5 6 7 8 9 10 11 12 13 14 15 16

17 18 19 20 21 22 23 24 25 26 27 28 29 30 31

1 2 3 4 5 6 7 8 9 10 11 12 13 14 15 16

17 18 19 20 21 22 23 24 25 26 27 28 29 30 31

1 2 3 4 5 6 7 8 9 10 11 12 13 14 15 16

Alle Reisen haben eine heimliche Bestimmung,

17 18 19 20 21 22 23 24 25 26 27 28 29 30 31

die der Reisende nicht ahnt. Martin Buber

1 2 3 4 5 6 7 8 9 10 11 12 13 14 15 16

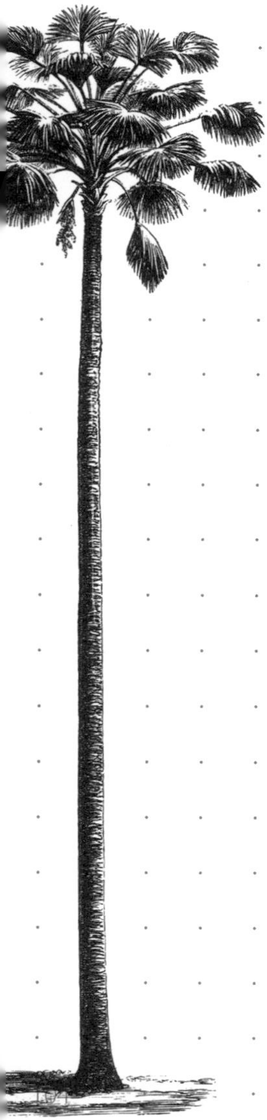

17	18	19	20	21	22	23	24	25	26	27	28	29	30	31

1 2 3 4 5 6 7 8 9 10 11 12 13 14 15 16

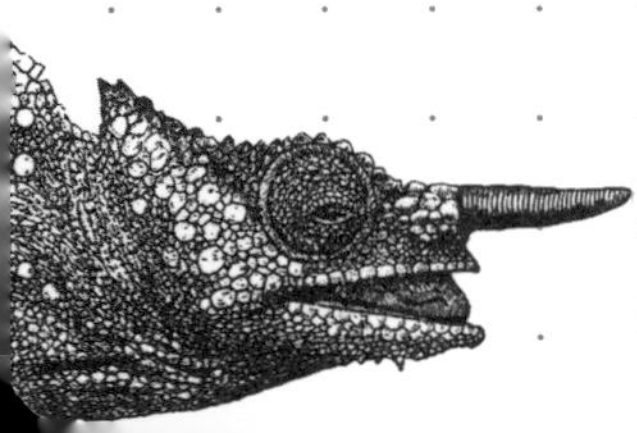

Es liegt eine Art Magie über dem Fortgehen,

7 18 19 20 21 22 23 24 25 26 27 28 29 30 31

um dann völlig verändert zurückzukehren. Kate Douglas Wiggin

1 2 3 4 5 6 7 8 9 10 11 12 13 14 15 16

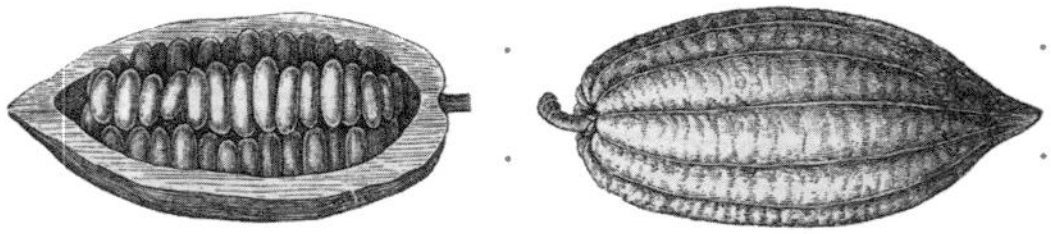

17 18 19 20 21 22 23 24 25 26 27 28 29 30 31

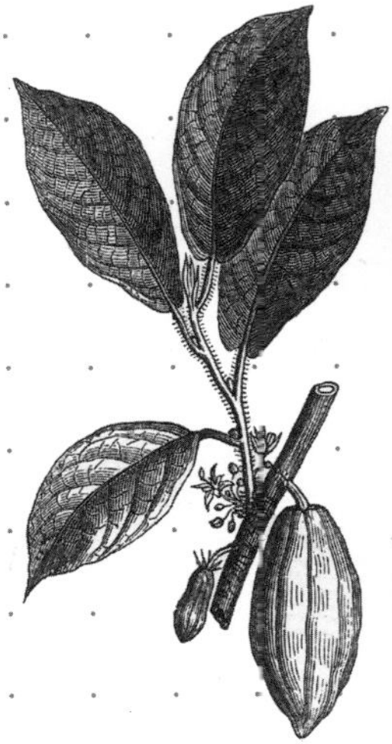

1 2 3 4 5 6 7 8 9 10 11 12 13 14 15 1

17 18 19 20 21 22 23 24 25 26 27 28 29 30 31

Wenn man gemütlich zu Hause sitzt, sinnt man auf Abenteuer. Hat man ein Abenteuer zu bestehen, wünscht man sich, man säße gemütlich zu Hause. Thornton Wilder

1 2 3 4 5 6 7 8 9 10 11 12 13 14 15 1

17 18 19 20 21 22 23 24 25 26 27 28 29 30 31

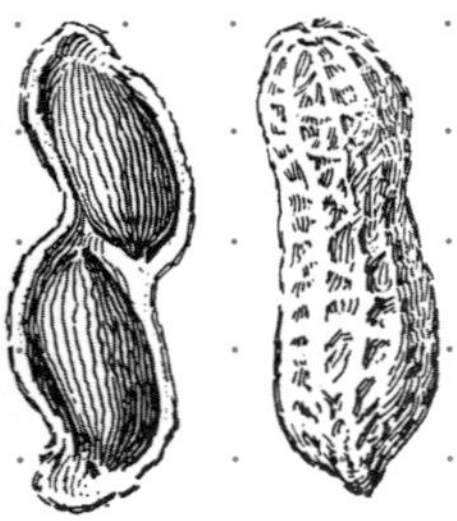

1 2 3 4 5 6 7 8 9 10 11 12 13 14 15 16

Wer eine Fremdsprache lernt, zieht den Hut vor einer anderen Nation.
Martin Kessel

17 18 19 20 21 22 23 24 25 26 27 28 29 30 31

1 2 3 4 5 6 7 8 9 10 11 12 13 14 15 16

17	18	19	20	21	22	23	24	25	26	27	28	29	30	31

1 2 3 4 5 6 7 8 9 10 11 12 13 14 15 16

Die Vorstellung ist wundervoll,

17 18 19 20 21 22 23 24 25 26 27 28 29 30 31

aber noch wundervoller ist das Erlebnis! Oscar Wilde

1 2 3 4 5 6 7 8 9 10 11 12 13 14 15 16

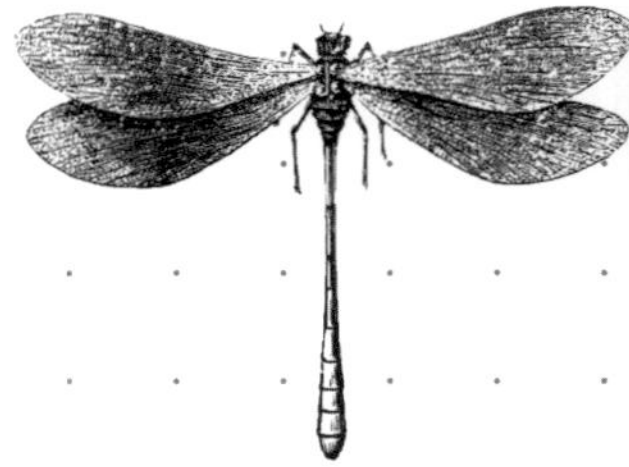

17	18	19	20	21	22	23	24	25	26	27	28	29	30	31

1 2 3 4 5 6 7 8 9 10 11 12 13 14 15 16

Wir können den Wind nicht ändern,

aber die Segel anders setzen. Aristoteles

1 2 3 4 5 6 7 8 9 10 11 12 13 14 15 16

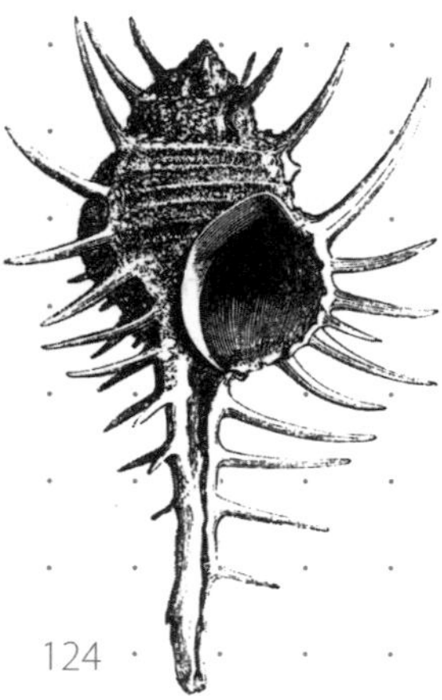

17	18	19	20	21	22	23	24	25	26	27	28	29	30	31

1 2 3 4 5 6 7 8 9 10 11 12 13 14 15 16

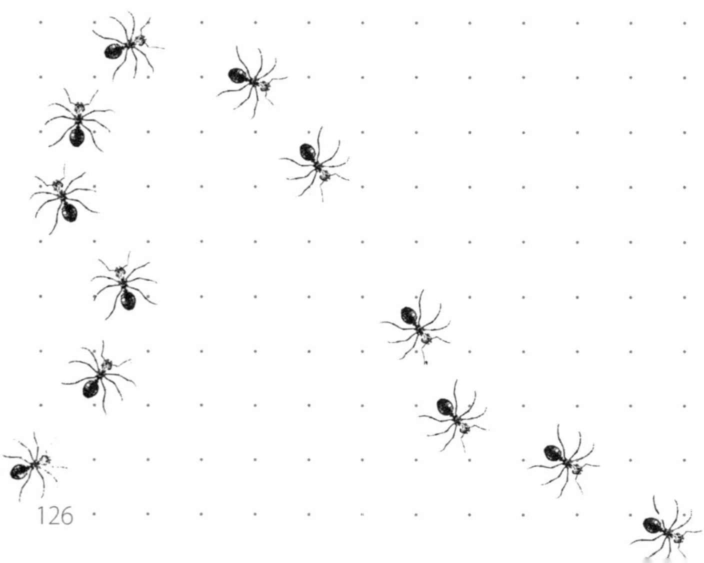

17 18 19 20 21 22 23 24 25 26 27 28 29 30 31

1 2 3 4 5 6 7 8 9 10 11 12 13 14 15 1

17 18 19 20 21 22 23 24 25 26 27 28 29 30 31

Ausgetretene Pfade sind die sichersten, aber es herrscht viel Verkehr. Jeff Taylor

1 2 3 4 5 6 7 8 9 10 11 12 13 14 15 1

17	18	19	20	21	22	23	24	25	26	27	28	29	30	31

1 2 3 4 5 6 7 8 9 10 11 12 13 14 15 16

17 18 19 20 21 22 23 24 25 26 27 28 29 30 31

1 2 3 4 5 6 7 8 9 10 11 12 13 14 15 16

17 18 19 20 21 22 23 24 25 26 27 28 29 30 31

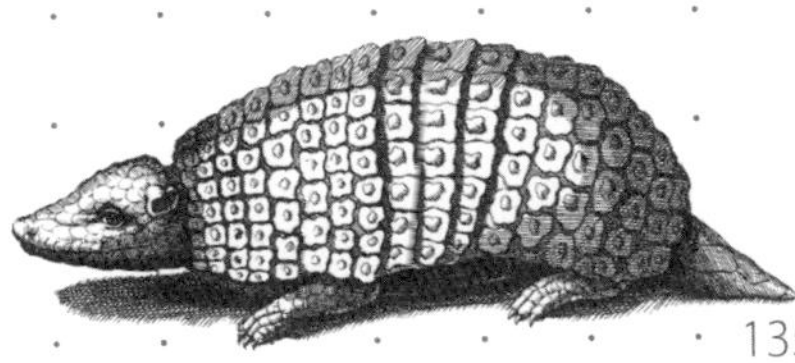

1 2 3 4 5 6 7 8 9 10 11 12 13 14 15 16

17 18 19 20 21 22 23 24 25 26 27 28 29 30 31

Der Weg ist das Ziel ...

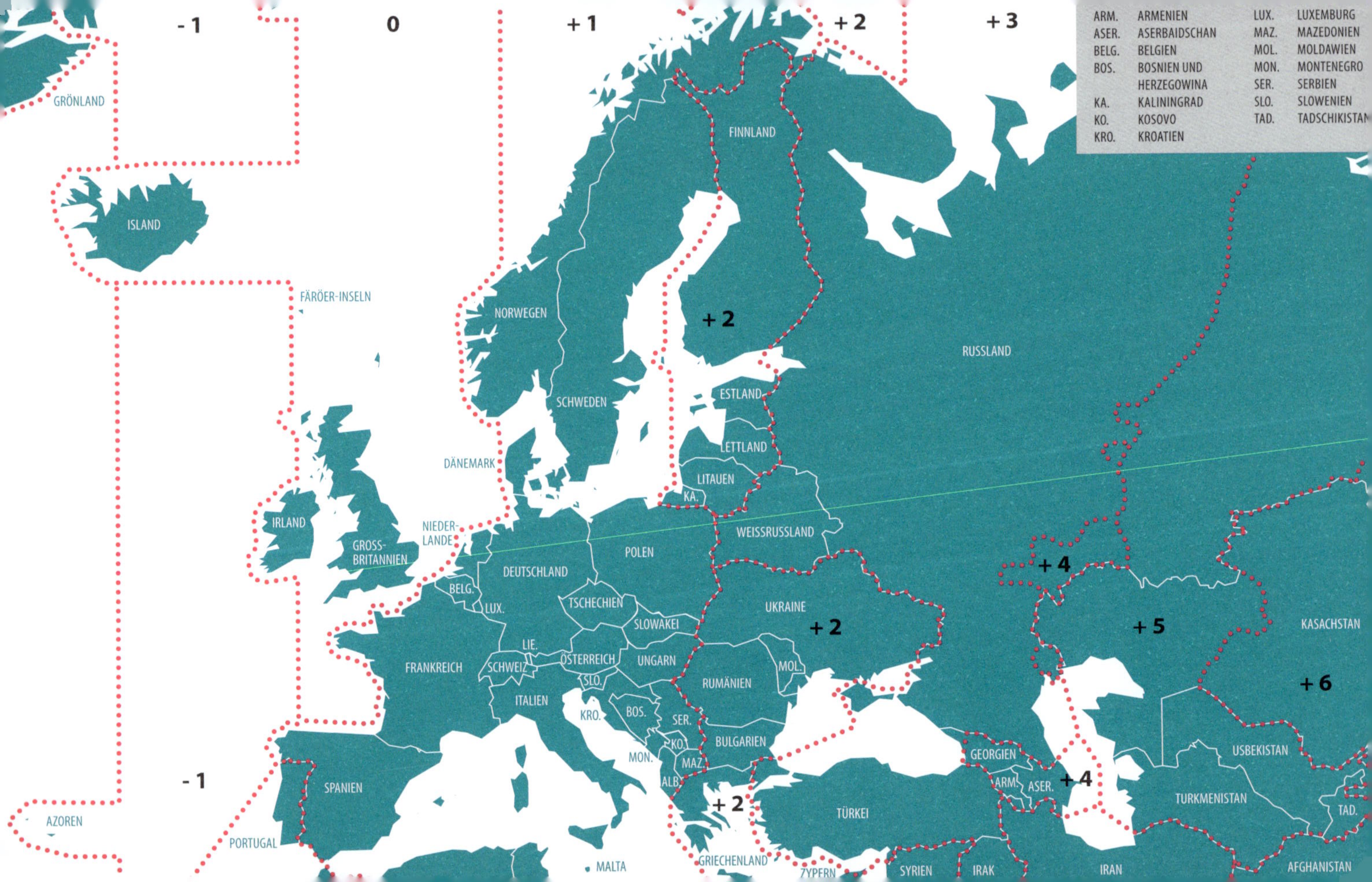

- 1
0
+ 1
+ 2
+ 3
ARM. ARMENIEN
ASER. ASERBAIDSCHAN
BELG. BELGIEN
BOS. BOSNIEN UND HERZEGOWINA
KA. KALININGRAD
KO. KOSOVO
KRO. KROATIEN
LUX. LUXEMBURG
MAZ. MAZEDONIEN
MOL. MOLDAWIEN
MON. MONTENEGRO
SER. SERBIEN
SLO. SLOWENIEN
TAD. TADSCHIKISTAN
GRÖNLAND
ISLAND
FÄRÖER-INSELN
NORWEGEN
SCHWEDEN
FINNLAND
+ 2
RUSSLAND
ESTLAND
LETTLAND
LITAUEN
KA.
DÄNEMARK
IRLAND
GROSS-BRITANNIEN
NIEDER-LANDE
WEISSRUSSLAND
POLEN
DEUTSCHLAND
BELG.
LUX.
TSCHECHIEN
SLOWAKEI
UKRAINE
+ 2
+ 4
+ 5
KASACHSTAN
+ 6
FRANKREICH
LIE.
SCHWEIZ
ÖSTERREICH
UNGARN
MOL.
RUMÄNIEN
SLO.
ITALIEN
KRO.
BOS.
SER.
BULGARIEN
KO.
MON.
MAZ.
ALB.
GEORGIEN
ARM.
ASER.
+ 4
USBEKISTAN
TURKMENISTAN
TAD.
- 1
SPANIEN
AZOREN
PORTUGAL
+ 2
TÜRKEI
GRIECHENLAND
ZYPERN
MALTA
SYRIEN
IRAK
IRAN
AFGHANISTAN

Schleswig-Holstein
Mecklenburg-Vorpommern
Bremen
Hamburg
Brandenburg
Berlin
Niedersachsen
Sachsen-Anhalt
Nordrhein-Westfalen
Sachsen
Thüringen
Hessen
Rheinland-Pfalz
Saarland
Bayern
Baden-Württemberg

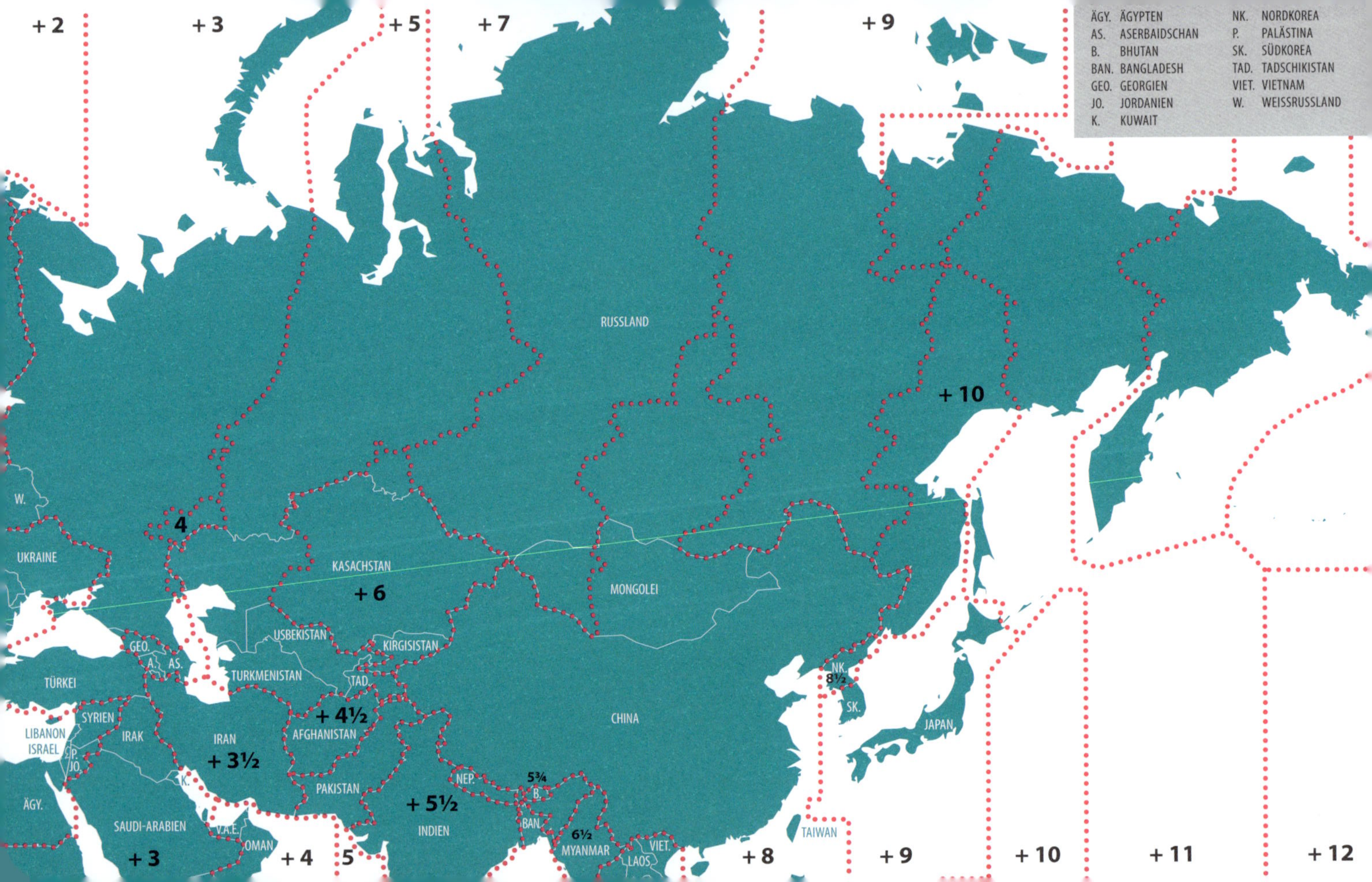

+ 2
+ 3
+ 5
+ 7
+ 9
ÄGY. ÄGYPTEN
AS. ASERBAIDSCHAN
B. BHUTAN
BAN. BANGLADESH
GEO. GEORGIEN
JO. JORDANIEN
K. KUWAIT
NK. NORDKOREA
P. PALÄSTINA
SK. SÜDKOREA
TAD. TADSCHIKISTAN
VIET. VIETNAM
W. WEISSRUSSLAND
RUSSLAND
+ 10
W.
4
UKRAINE
KASACHSTAN
+ 6
MONGOLEI
GEO.
A.
AS.
USBEKISTAN
KIRGISISTAN
TÜRKEI
TURKMENISTAN
TAD.
NK.
8½
SK.
SYRIEN
+ 4½
LIBANON
ISRAEL
P.
JO.
IRAK
IRAN
+ 3½
AFGHANISTAN
CHINA
JAPAN
K.
NEP.
5¾
B.
ÄGY.
PAKISTAN
+ 5½
SAUDI-ARABIEN
V.A.E.
OMAN
INDIEN
BAN.
6½
MYANMAR
VIET.
LAOS
TAIWAN
+ 3
+ 4
5
+ 8
+ 9
+ 10
+ 11
+ 12

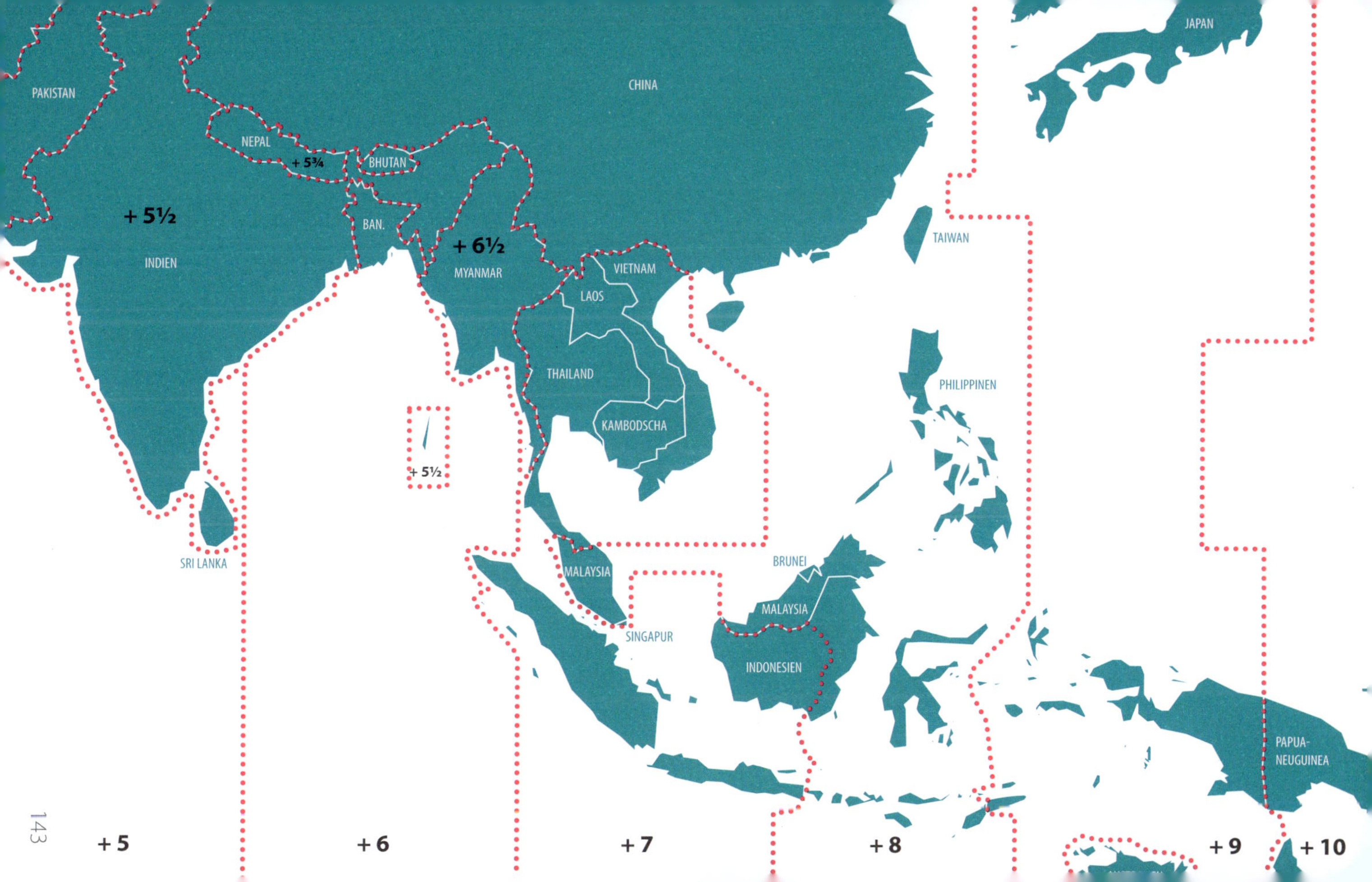
PAKISTAN
CHINA
JAPAN
NEPAL
+ 5¾
BHUTAN
+ 5½
INDIEN
BAN.
+ 6½
MYANMAR
VIETNAM
LAOS
TAIWAN
THAILAND
PHILIPPINEN
KAMBODSCHA
+ 5½
SRI LANKA
MALAYSIA
BRUNEI
MALAYSIA
SINGAPUR
INDONESIEN
PAPUA-
NEUGUINEA
+ 5
+ 6
+ 7
+ 8
+ 9
+ 10

- 10
- 9
- 7
- 6
- 5
- 4
- 3
USA (ALASKA)
- 8
KANADA
GRÖNLAND
- 3½
USA
HAWAII
- 10
MEXIKO

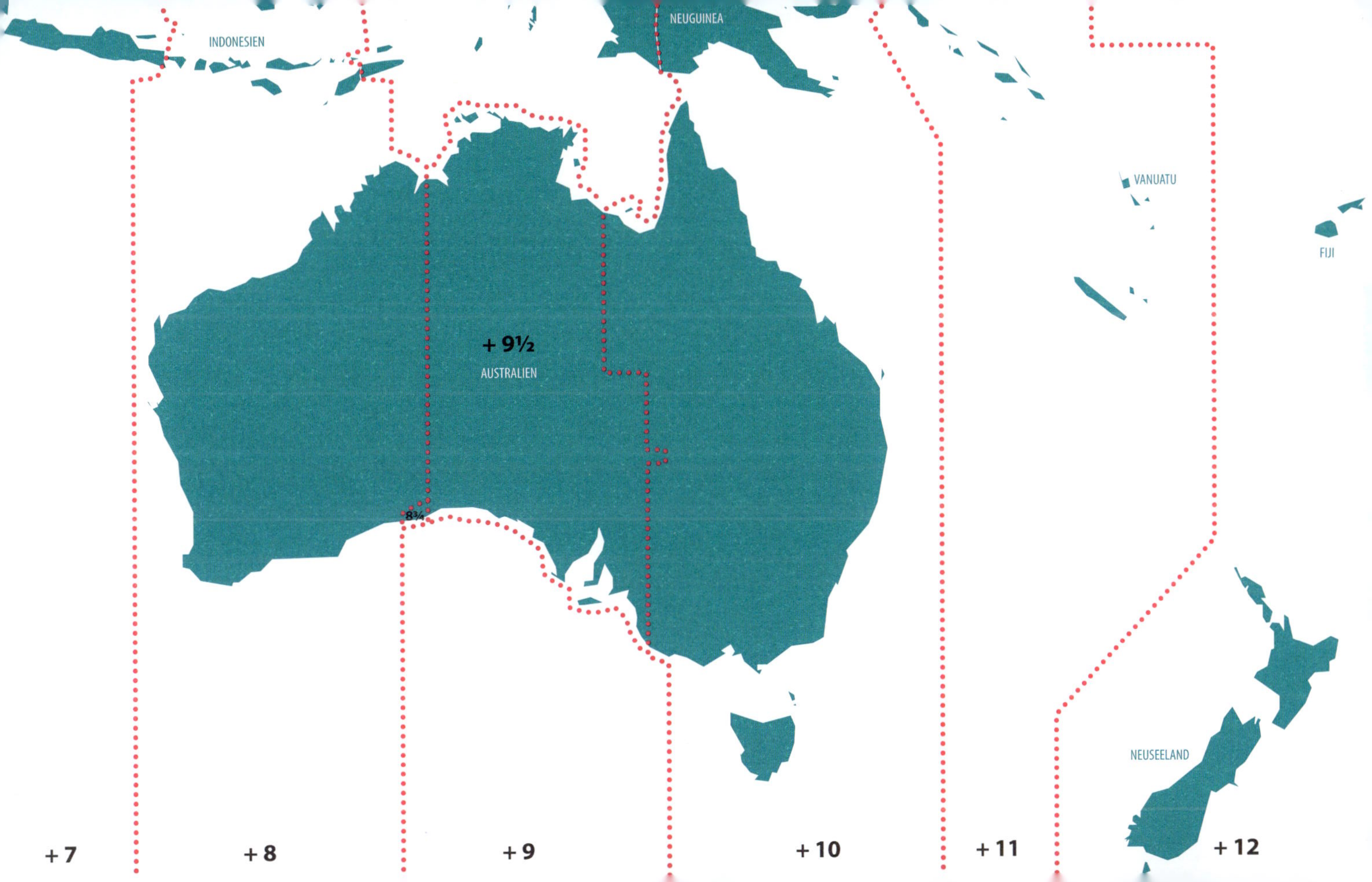
INDONESIEN
NEUGUINEA
VANUATU
FIJI
+ 9½
AUSTRALIEN
8¾
NEUSEELAND
+ 7
+ 8
+ 9
+ 10
+ 11
+ 12

- 6
- 5
- 4
- 3
BAHAMAS
CUBA
HAITI
DOM. REPUBLIK
MEXIKO
BELIZE
JAMAIKA
PUERTO RICO
HONDURAS
GUATEMALA
EL SALVADOR
NICARAGUA
PANAMA
COSTA RICA
TRINIDAD UND TOBAGO
VENEZUELA
GUYANA
SURINAM
FRANZ. GUYANA
KOLUMBIEN
ECUADOR
GALAPAGOS-INSELN
PERU
BRASILIEN
BOLIVIEN
PARAGUAY
CHILE
URUGUAY
ARGENTINIEN
- 3
FALKLANDINSELN

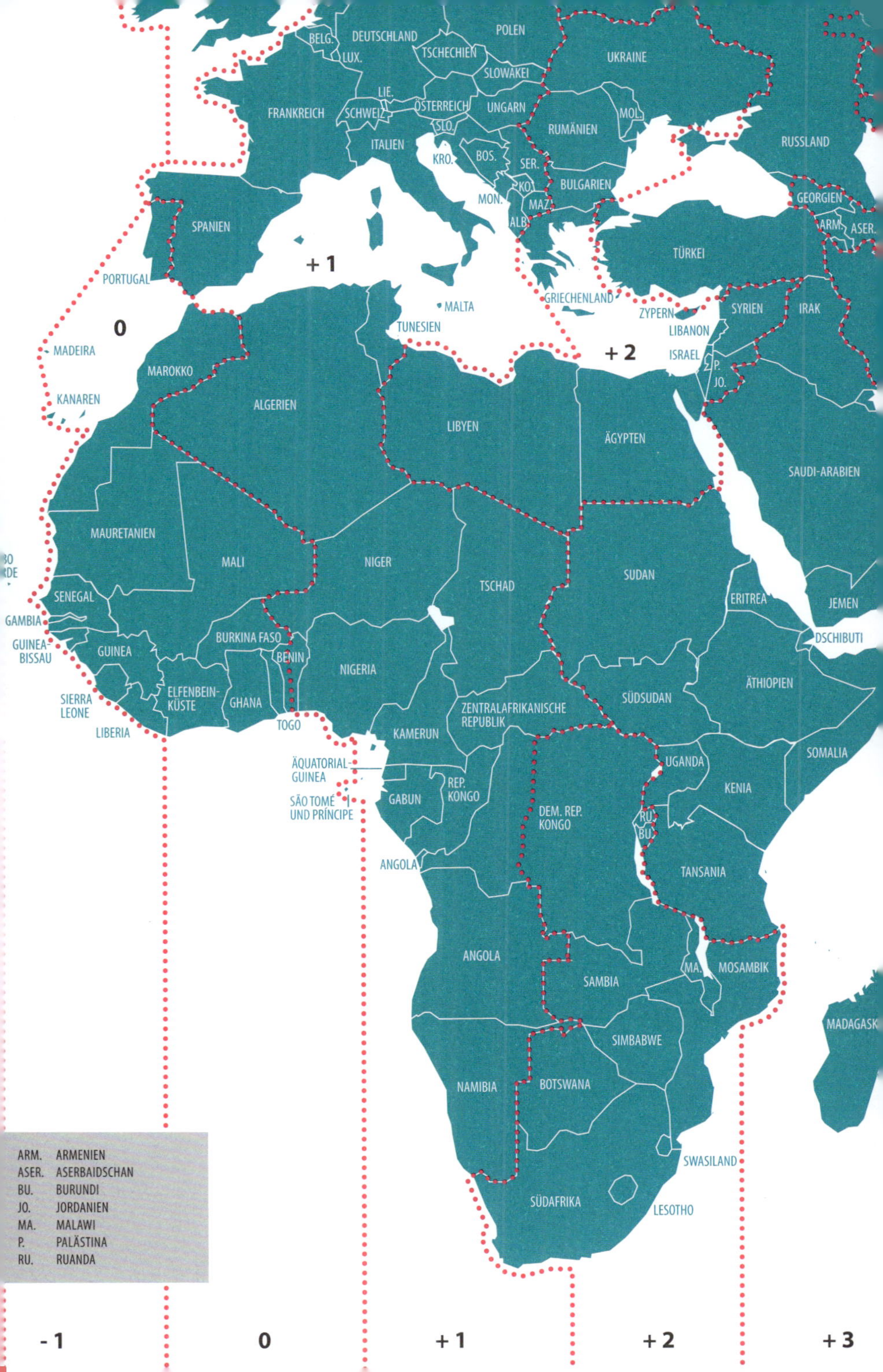

DEUTSCHLAND
POLEN
BELG.
LUX.
TSCHECHIEN
UKRAINE
SLOWAKEI
LIE.
FRANKREICH
SCHWEIZ
ÖSTERREICH
UNGARN
MOL.
SLO.
RUMÄNIEN
RUSSLAND
ITALIEN
KRO.
BOS.
SER.
KO.
BULGARIEN
MON.
MAZ.
GEORGIEN
SPANIEN
ALB.
ARM.
ASER.
TÜRKEI
PORTUGAL
+ 1
MALTA
GRIECHENLAND
ZYPERN
SYRIEN
IRAK
0
TUNESIEN
LIBANON
MADEIRA
+ 2
ISRAEL
P.
JO.
MAROKKO
KANAREN
ALGERIEN
LIBYEN
ÄGYPTEN
SAUDI-ARABIEN
MAURETANIEN
MALI
NIGER
SUDAN
TSCHAD
ERITREA
JEMEN
SENEGAL
GAMBIA
DSCHIBUTI
BURKINA FASO
GUINEA-BISSAU
GUINEA
BENIN
NIGERIA
ÄTHIOPIEN
ELFENBEIN-KÜSTE
GHANA
SÜDSUDAN
SIERRA LEONE
ZENTRALAFRIKANISCHE REPUBLIK
TOGO
LIBERIA
KAMERUN
SOMALIA
UGANDA
ÄQUATORIAL-GUINEA
KENIA
REP. KONGO
SÃO TOMÉ UND PRÍNCIPE
GABUN
DEM. REP. KONGO
RU.
BU.
ANGOLA
TANSANIA
ANGOLA
MA.
MOSAMBIK
SAMBIA
MADAGASK
SIMBABWE
NAMIBIA
BOTSWANA
ARM. ARMENIEN
ASER. ASERBAIDSCHAN
BU. BURUNDI
JO. JORDANIEN
MA. MALAWI
P. PALÄSTINA
RU. RUANDA
SWASILAND
SÜDAFRIKA
LESOTHO
- 1
0
+ 1
+ 2
+ 3

Reisemaße

Länge

1 mm	=	0,001 m
1 cm	=	0,01 m
1 dm	=	0,1 m
1 km	=	1.000 m
1 line	=	0,00211 m = 1/12 inch = 1/144 foot
1 inch	=	0,0254 m
1 link	=	0,201168 = 1/25 rod = 11/50 yard
1 foot	=	0,3048 m = 12 inches = 144 line
1 yard	=	0,9144 m = 3 feet
1 rod	=	5,0292 m = 198 inch = 25 link
1 furlong	=	201,168 m = 220 yards
1 statute mile	=	1.609,344 m = 8 furlong = 1760 yard
1 sun	=	1/33 m
1 cun	=	1/30 m
1 chi	=	1/3 m
1 bu	=	10/6 m
1 Linija	=	0,00254 m = 10 Toschka
1 Djuim	=	0,0254 m = 1 inch = 10 Linija
1 Werschok	=	0,04445 m = 1,75 Djuium
1 Tschetwert	=	0,1778 m = 1/4 Arschin = 4 Werschok
1 Seemeile	=	1852 m = 1/60 Breitengrad
54 Seemeilen	=	ca. 100 km
x Seemeilen	=	Faustformel : Verdoppeln und - 10 %

Gewicht

1 mg	=	0,001 g
1 kg	=	1.000 g
1 t	=	1.000 kg
1 Unze	=	28,3495 g
1 Pfund	=	453,592 g = 16 unze
1 Stone	=	6350,29 g = 14 Pfund
1 Short Ton	=	907,185 kg = 2.000 Pfund

Flüssigkeiten

1 ml	=	0,001 l = 1 dm^3
1 l	=	1.000 ml
1 unze (U.S.)	=	29,5735 ml
1 cup (U.S.)	=	0,24 l
1 pint (U.S.)	=	0,473176 l = 16 unze (U.S.)
1 quart (U.S.)	=	0,946353 l = 2 pint (U.S.)
1 gallon (U.S.)	=	3,78541 l = 8 pint (U.S.)
1 unze (G.B.)	=	28,4131 ml
1 cup (G.B.)	=	0,284131 l = 10 unze (G.B.)
1 pinte (G.B.)	=	0,568261 l = 2 cup (G.B.)
1 quart (G.B.)	=	1,13652 l = 2 pinte (G.B.)
1 gallon (G.B.)	=	4,54609 l = 4 quart (G.B.)

Temperatur

K	-233	-238	-243	-248	-253	-258	263	268	273	278	283	288	293	298	303	208	313
°F	-40	-31	-22	-13	-4	5	14	23	32	41	50	59	68	77	86	95	104
°C	-40	-35	-30	-25	-20	-15	-10	-5	0	5	10	15	20	25	30	35	40

Geschwindigkeit

Knoten	1,8	19	28	37	46	56	65	74	83	93	102	111	120	130	139	148	157
kmh	1,6	16	24	32	40	48	56	64	72	80	89	97	105	113	121	129	137
mph	1	10	15	20	25	30	35	40	45	50	55	60	65	70	75	80	85

Ohne Worte …

Packliste

PAPIERKRAM

KLEIDUNG

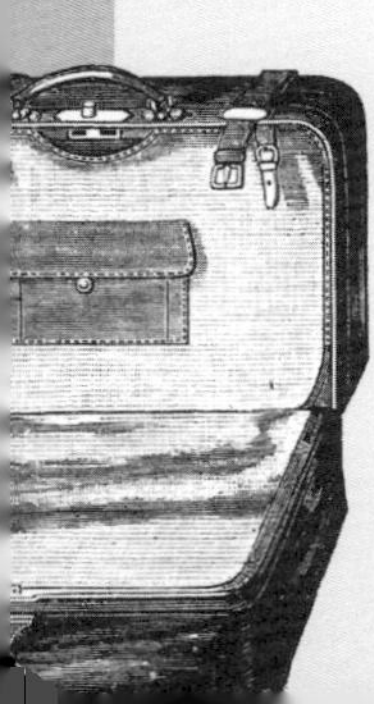

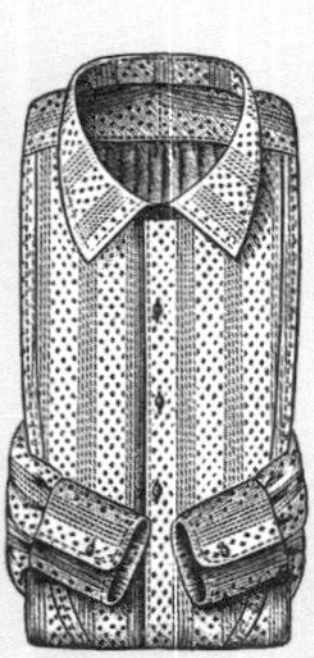

Das Leben ist eine Reise. Nimm nicht zu viel Gepäck mit. Billy Idol

ACCESSOIRES

KULTURBEUTEL

MEDIKAMENTE

ELEKTRONIK

SONSTIGES

Budgetliste

Essen
Transport
Unterkunft
Sonstiges

Ausgaben

Störend sind beim Reisen nur die Kosten. Michel de Montaigne

Zeit

Notizen & Adressen

Europaweite Notruf-Nummer

112

Sperr-Notruf für EC- und Kreditkarten

+49 116 116

Notruf-Nummer des Auswärtigen Amte

+49 03 01 8-170

Personalausweisnummer

Krankenversicherungsnummer

Reiseversicherungsnummer

Eine Reise misst man besser in dazugewonnenen Freunden als in Meilen. Tim Cahill

Nichts lässt die Erde so geräumig erscheinen, als wenn man Freunde in der Ferne hat. Henry David Thoreau